LETTRE

ADRESSÉE

A M. LE MINISTRE DU COMMERCE

PAR LA SOCIÉTÉ CENTRALE D'AGRICULTURE DE L'HÉRAULT

AU SUJET

DE L'EXPIRATION DU TRAITÉ DE COMMERCE

FRANCO-ITALIEN

MONTPELLIER

IMPRIMERIE GROLLIER ET FILS, BOULEVARD DU PEYROU

1887

LETTRE

ADRESSÉE

A M. LE MINISTRE DU COMMERCE

PAR LA SOCIÉTÉ CENTRALE D'AGRICULTURE DE L'HÉRAULT

AU SUJET

DE L'EXPIRATION DU TRAITÉ DE COMMERCE

FRANCO-ITALIEN

MONTPELLIER

IMPRIMERIE GROLLIER ET FILS, BOULEVARD DU PEYROU

—

1887

EXPIRATION DU TRAITÉ FRANCO-ITALIEN

A Monsieur le Ministre du Commerce

MONSIEUR LE MINISTRE,

Le traité de commerce Franco-Italien devant cesser d'être en vigueur le 31 décembre 1887, vous avez consulté, en prévision d'un nouveau traité, les chambres de commerce, les chambres consultatives des arts et manufactures et les syndicats professionnels.

Quoique la Société centrale d'Agriculture de l'Hérault n'ait pas été comprise parmi les corps consultés, comme elle compte parmi ses membres la plupart de ceux qui forment les syndicats agricoles professionnels du département, ainsi qu'un grand nombre de propriétaires et de membres des chambres consultatives et de commerce, elle a cru qu'il était de son *devoir* de vous faire connaître son opinion sur un sujet aussi important qui touche aux intérêts vitaux de l'agriculture de la région sur laquelle s'étend son action. Elle a cru le moment d'autant plus favorable que le département de l'Hérault, ayant le premier rang comme importance parmi les producteurs de vin Français et le premier rang aussi par l'énergie et la résolution avec lesquelles il travaille à la reconstitution de son grand vignoble détruit par le phylloxera, compte sur votre bienveillance et a droit à tout votre intérêt.

La Société d'agriculture de l'Hérault a consacré
plusieurs séances à l'examen des questions que vous a
suggérées le traité de commerce ; elle a chargé son
bureau de vous transmettre les réponses suivantes,
conformément à l'ordre que vous avez suivi dans le
questionnaire adressé aux associations que vous avez
bien voulu consulter.

1re QUESTION. — *Quels ont été, en ce qui concerne
votre industrie agricole, les effets du traité qui
va expirer ?*

RÉPONSE. — Ces effets ont été désastreux. D'une
manière générale, il suffit, avant d'entrer dans les
détails sur lesquels nous insisterons à propos des vins,
de voir que l'Italie, produisant comme notre département, des vins, des huiles, des soies, du bétail, des
fruits, dans des conditions de climat, de main-d'œu-
vre, d'impôts et de capital foncier très supérieures
aux nôtres, tout abaissement de tarif qui a rompu en
sa faveur les termes d'une stricte réciprocité, et qui
lui a concédé de véritables privilèges d'importation,
a été malheureux pour notre agriculture. C'est ce qui
est arrivé pour nos huiles et nos soies; ainsi, la pro-
duction française des cocons, qui s'élevait en 1852-
1860 de 23 à 26 millions de kilogr., est tombée à 8
et 6 millions et baissera encore dans nos contrées,
car on y arrache les mûriers que le bas prix des soies
rend improductifs.

Mais ce sont surtout nos vins qui souffrent des effets
du traité de commerce, à cause du privilège exorbi-

tant que ce dernier a constitué en faveur des vins
Italiens, par le haut titre alcoolique auquel ils sont
admis sur nos marchés, et par les abaissements de tarif, sans réciprocité, dont ils ont été l'objet. Sans remonter jusqu'en 1860 et 1866, époque où l'importation
des vins français en Italie comprenait plus de 300,000
hectolitres (1), tandis que celle des vins italiens était
à peu près nulle (2), il nous suffira de constater qu'en
1884 l'importation des vins italiens a atteint 2,146,000
hectolitres. Quelle exportation de capitaux représente
un pareil chiffre !

Toute égalité ayant complètement disparu à notre
détriment, entre le traitement des vins français et des
vins italiens, les étrangers prennent partout notre place
(celle qui nous est légitimemeut due) sur nos marchés ; ils empêchent la vente de nos produits, et mal-
gré la supériorité hygiénique de nos vins, en provo-
quent l'abandon, la baisse et l'avilissement, et cela
au moment où la crise phylloxérique rend plus nécessaire que jamais le prompt écoulement de nos produits
viticoles.

Quelle est, en effet, notre situation réciproque :
tandis que, sous l'influence du Phylloxera et des ma-

(1)   Année 1864. . . . .   320,087 hect.
         —   1865. . . . .   300,809 —
         —   1866. . . . .   277,323 —
(2) Importation des vins d'Italie en France :
    1864 . . . .   10,633 hect.
    1865   6,902
    1866   9,461

ladies cryptogamiques le titre alcoolique moyen des vins français est tombé à 8°, et varie de 5 à 12 degrés, selon leur réussite et les années, les vins italiens sont admis en France au titre de 15°9. Quand ils n'ont pas naturellement ce titre (ce qui est le cas le plus général), car ils souffrent, comme les vins français, du Phylloxera et des maladies cryptogamiques, on le leur donne par un vinage ou addition d'alcool, le plus souvent de basse qualité, doué de propriétés délétères qu'il communique au vin. Ainsi remontés, les vins italiens, pourvus d'ailleurs de matières colorantes et d'extrait sec, représentent deux fois la force du vin français ; or, quand ils se présentent à notre douane, ils sont accueillis, non par un relèvement de tarif, comme ce serait juste, puisqu'ils représentent, sous un seul volume, deux fois le même volume de vin français, mais par un abaissement de plus de moitié du tarif général ; de 4 fr. 50 par hectolitre, ce tarif a été réduit à 2 fr. pour les vins italiens.

Tandis qu'il en est ainsi pour ces derniers, quel est le traitement que subissent les vins français ? En Italie, ils sont accueillis par un tarif de 6 fr. par hectolitre, par conséquent triple de celui qui est appliqué, en France, aux vins de la Péninsule ; et chez eux, en France, si on veut les viner pour obtenir l'égalité avec les vins italiens, on se heurte à une législation draconienne qui impose aux alcools de vinage un droit de 156 fr. 25 c. par hectolitre.

Cette législation empêche le vinage des vins français et n'atteint pas les vins étrangers. Il en résulte que ceux-ci, grâce à leur état de force concentrée, non-seulement s'affranchissent en grande partie des droits de douane, de circulation, de consommation et d'octroi, mais encore qu'ils ne rencontrent comme concurrents français que des vins faibles, la plupart à 8° d'alcool ou au-dessous.

Si on veut remonter ces derniers au titre alcoolique des vins étrangers, il faut payer le droit sur l'alcool pour 7°9, à raison de 156 fr. 25 par hect. d'alcool employé (ou 156 fr. 25 $\times$ 7°9), soit 12 fr. 45 par hect. de vin.

Telle est la prime dont jouissent actuellement les vins étrangers à l'entrée, et en défalquant 2 fr. payés à la douane (1), non compris tous les autres avantages dus à leur concentration relative, tels que futailles, frais de transports, etc., la prime est de 10 fr. 45.

Une fois arrivés sur les lieux de consommation, ces vins sont dédoublés avec de l'eau, pour la plupart, et vendus chez les débitants. Ils sont ainsi, pour le trésor et pour les villes, une source de fraudes et de pertes considérables, qui vont chaque année en augmentant ; de plus, ils altèrent la santé de ceux qui les consomment journellement, par les mauvais alcools qu'ils renferment, par leurs matières colorantes et par leurs extraits secs de toute nature.

Néanmoins, ces vins, si dangereux pour la santé publique et si préjudiciables à nos intérêts fiscaux, donnent de tels bénéfices au commerce et aux débi-

_____

(1) Ce droit est plus que compensé par le droit de douane sur l'alcool.

tants, — les grands distributeurs populaires de la ma-
tière imposable, — qu'ils sont préférés à nos vins naturels. C'est qu'on ne peut pas dédoubler les nôtres par
le mouillage à cause de leur faiblesse alcoolique et
frauder ainsi les droits élevés d'entrée et de consommation.

Voilà comment le traité de commerce ruine à la
fois notre viticulture, le trésor, les octrois et l'hy-
giène publique.

Les raisins secs, au moyen desquels on fait une
boisson qui sert à falsifier une foule de vins et à
frauder les droits, et dont l'importation s'accroît d'année en année, viennent aggraver considérablement
cette situation et la rendre intolérable à notre viticulture. Pour eux aussi, les priviléges dont-ils jouissent
à leur entrée en France, sont encore supérieurs à
ceux des vins étrangers. Ils constituent un des plus
grands dangers de notre situation viticole.

Quand un traité de commerce donne des résultats
aussi désastreux, il ne faut pas le renouveler, ni le
proroger. Il faut saisir l'occasion de briser immédiate-
ment des liens aussi onéreux. C'est la conclusion à
laquelle la Société d'agriculture s'est unanimement
arrêtée, et qu'elle vous recommande.

2ᵉ QUESTION. — *Quelle influence a exercé le traité
de commerce sur le mouvement des importations
et des exportations ?*

RÉPONSE. — Ce qui précède répond suffisamment
à cette question. Sans entrer dans d'autres détails

que ceux qui concernent les vins et qui priment tous nos autres intérêts , on peut dire que nos importations en produits agricoles étrangers sont en grande augmentation, tandis que nos exportations restent stationnaires quand elles ne diminuent pas. Notre agriculture n'a donc fait que perdre à ce traité, et nous demandons qu'il ne soit ni renouvelé, ni prorogé.

3e QUESTION. — *Enfin, quelle modification vous semblerait-il nécessaire d'y introduire ?*

RÉPONSE. — Nous pensons que notre Agriculture doit rester libre d'engagements, et qu'il ne faut ni renouveler, ni proroger avec l'Italie un traité si funeste à nos intérêts. Si, cependant, les circonstances étaient telles qu'on crût devoir prendre de nouveaux engagements commerciaux, nous demandons que, sous aucun prétexte, on n'applique à l'Italie la clause de la nation la plus favorisée, et qu'on n'accorde aucune faveur à ses produits agricoles.

Il est temps qu'on cesse de pratiquer le ruineux système qui consiste à sacrifier nos intérêts agricoles, pour obtenir des concessions souvent plus apparentes que réelles, en faveur de nos industries manufacturières et métallurgiques. C'est ainsi qu'on a été conduit à favoriser par de vrais privilèges l'entrée des produits agricoles étrangers sur nos marchés (comme le sont les vins), et à en exclure en quelque sorte les nôtres. De pareilles combinaisons, dont nous avons fait voir les résultats, sont à la fois injustes et antipatriotiques ; pour les vins, elles ruinent ensemble et la France et la santé publique.

Nous demandons désormais à être traités sur un pied d'égalité avec les étrangers, et dans ce but, si les Italiens frappent nos vins à l'entrée d'un droit, que le même droit soit appliqué à leurs vins. Ce droit est actuellement de 6 fr. par hectolitre, ils devraient supporter le même tarif.

De plus leurs vins entrant à la frontière au titre de 15°,9, il faudrait que nous puissions remonter les nôtres en franchise, au même degré ; sans cette faculté l'égalité n'existe pas et la concurrence entre nos vins et ceux des étrangers est impossible, comme nous l'avons démontré. Mais si cette faculté nous est refusée pour rétablir l'égalité entre les vins étrangers et les nôtres, il faut qu'en outre du droit de douane, les étrangers soient assujettis à payer le droit de consommation sur l'alcool à raison de 1 fr. 5625 par degré alcoolique au dessus de 9°, chiffre supérieur à la force moyenne qu'on peut attribuer aux vins français. Ainsi, pour des vins remontés à 15°9 le droit à percevoir en sus du droit de douane serait de $1,5625 \times 6,9 = 10$ fr. 78 c.; à ce droit devrait s'ajouter encore le droit de douane sur les 6°,9 d'alcool de surforce d'un vin à 15°,9, lequel droit est actuellement de 70 cent. par litre, soit 4 fr. 83 c.

Ainsi, pour obtenir l'égalité de traitement entre un vin français à 9°, taxé à son entrée à l'étranger d'un droit de 6 fr. par hectolitre, et un vin étranger à 15°,9, celui-ci devrait payer à l'entrée :

Pour droit de douane . . . .   6 fr.

Pour droit de douane sur 6°,9 d'alcool.   4   83

Pour droit de consommation sur 6°,9. .

d'alcool à 1,5625 l'un   10   78

                                                21 fr. 61

A déduire pour droit de douane . . . .   2 fr.

          Soit un revenu de . . . . . 19 fr. 61

Ce calcul fait voir de quelle prime exorbitante jouissent les vins étrangers qui entrent actuellement en France au titre de 15°9 et au droit de 2 fr. par hectolitre, et pourquoi notre viticulture ne peut lutter avec eux.

Les traités qui ont établi un régime aussi ruineux pour nos intérêts viticoles sont une sorte de monstruosité économique qu'on a justement qualifiée de « protection à rebours. » Il faut s'en débarrasser au plus tôt, ainsi que nous l'avons démontré.

Subsidiairement, et si on continue à nous interdire la faculté de vinage, comme les traités de commerce ne nous obligent pas à laisser entrer des vins vinés, ou fraudés, ou falsifiés, et qu'ils n'autorisent que l'introduction des vins naturels, résultant de la fermentation du raisin frais, nous demandons qu'une surveillance très sévère soit établie à la frontière, aux entrées, et dans les centres de consommation, au moyen de nombreux laboratoires d'essai et d'analyse, pourvus de tous les moyens dont dispose la science, afin de saisir tout vin fraudé et falsifié, viné avec de mauvais alcools.

Votre lettre, Monsieur le Ministre, ne visant que le traité franco-italien, nous ne vous parlerons ici ni de la concurrence des raisins secs, ni de la question des tarifs de chemin de fer, et des inégalités qui en résultent au grand préjudice de nos vins et à l'avantage des produits étrangers.

En finissant cette lettre, nous croyons devoir vous faire observer qu'en accordant aux vins français un *traitement égal* à celui dont jouissent les vins étrangers et les raisins secs, le Trésor, qui cherche de tous côtés des ressources, y trouverait, par la Douane seule, un revenu très important, car l'entrée des vins étrangers s'élève actuellement par an à environ dix millions d'hectolitres, et celle des raisins secs à plus de cent mille tonnes. Un juste retour à un régime d'équité et d'égalité, qu'on n'aurait jamais dû abandonner, augmenterait donc considérablement les ressources du Trésor, sans créer de nouveaux impôts, et rendrait à notre viticulture, qui lutte toujours contre la crise terrible du phylloxera, la sécurité qu'elle a perdue depuis que de fausses mesures ont provoqué l'invasion de nos marchés par les vins étrangers.

Nous vous prions d'agréer, Monsieur le Ministre, l'expression de notre respecteux dévouement.

14 novembre 1887.

Le Président, **L. VIALLA.**   Le Vice-Président, **F. CAZALIS.**

Le Secrétaire perpétuel, **H. MARÈS.**